Renier-Fréduman Mundil

Das Moooondschaaaaf
31 Gdichte für mondsüchtige Rwachsene
Im Mond-Juli

Band 7 von 12

Renier-Fréduman Mundil

Das
Moooondschaaaaf

31 Gdichte für mondsüchtige Rwachsene
Im Mond-Juli

Band 7 von 12

Impressum

Bibliografische Information der Deutschen Nationalbibliothek:
Die Deutsche Nationalbibliothek verzeichnet diese Publikation in
der Deutschen Nationalbibliografie; detaillierte bibliografische
Daten sind im Internet über http://dnb.dnb.de abrufbar.

© 2024 Renier-Fréduman Mundil
          Viola Hartmann
Covergestaltung: Dan Winkler
Coverbilder: Mayliv Schuh, Isley Schuh, Liam Schuh
          Avalie Schuh
Illustrationen: Marie Kühmstedt, Mayliv Schuh,
          Isley Schuh, Liam Schuh, Avalie Schuh

Herstellung und Verlag: BoD – Books on Demand, Norderstedt

ISBN: 978-3-7583-6929-2

Für
Celestine

Die Künstlerin in der Familie
Weil du uns so wichtig bist
Und wir die Kunst sehr lieben

Happy
Birthday

wünscht das Moooondschaaaaf
allen Erdmondkinder im Monat Juli

Auf in den Urlaub....

Inhalt

Manche (und ich nehme mich nicht aus) haben manchmal die vermanschte Angewohnheit, das Pferd von hinten aufzuzäumen und ein Buch zuerst am Ende aufzuschlagen bzw. anzulesen. Wenn Sie bei diesem Buch auch so vorgegangen sind, werden Sie unbemerkt von der am Schluss stehenden Biographie in den Inhalt des Buches gerutscht sein. Das gleiche ist einigen Komponisten passiert, die Werke geschrieben haben, in denen einzelne Sätze nicht durch eine klare Pause (normalerweise für das Hüsteln unabdingbar) getrennt wurden, sondern nahtlos ineinander übergehen.

Übrigens sind das die besonders gefährlichen Stellen für „Falschapplaudierer". Sollten Sie beim Lesen des Buches unerwarteterweise geneigt sein, zu applaudieren, nehmen Sie auf all das keine Rücksicht. Hüsteln Sie auch, wann immer Sie wollen, die Verse bzw. das Moooondschaaaaf werden es vertragen und nicht fluchtartig das Weite suchen.

Der Mond besitzt offensichtlich das Potenzial, Dinge zu beeinflussen und dadurch zwangsläufig durcheinanderzubringen im Sinne von: die bereits vorhandenen Lebenselemente kräftig durchzuschütteln, in andere Reihenfolgen zu bringen und von unterschiedlichen Seiten zu beleuchten. Derartiges versucht er auch in diesem Buch, indem er sich gemeinerweise mit einem Schaf zusammengetan hat und das Leben von oben, unten, links, rechts, vorn und hinten betrachtet. Dafür unterzieht er sich der gewaltigen Mühe, die Erde zu umkreisen, um das Leben auf unserer Kugel von allen Seiten zu betrachten.

Wenn etwas Seltsames auftaucht, fängt das Schaf an zu blöken und als kleinstmögliches Demokratieteam entscheiden beide, Mond und Schaf, ob die Beobachtung skurril genug ist, um bei Ihnen eingeführt zu werden. Bislang hat es jedoch keine Beobachtung geschafft, diese Zweierabstimmung als Urform demokratischen Verhaltens zu überstehen. Somit hat nichts Irdisches den Sprung von der Erde auf den Mond geschafft. Es lebt nur das Moooondschaaaaf als einziges Wesen auf dieser großen grauen Kugel, ernährt sich nicht von grünem Gras, Biofood, Luxussalaten oder Fastfood sondern von Wörtern und Gedanken, die sich von der Erde zu ihm verirrt haben, die vom Moooondschaaaaf verspeist werden und - es ist der Lauf der Dinge bzw. der Biologie - vom Moooondschaaaaf auch wieder....., naja, Sie wissen schon.

Allerdings läuft diese seltsame Kombination Moooondschaaaaf aus einem großen Klumpen Mond und einem winzigen Kleks Schaf Gefahr, von der Welt kurzerhand zur Persona non grata erklärt zu werden. Wir lassen uns vielleicht noch von vorn betrachten. Sind Körperteile zu groß geraten (Nase, Bauch), lassen wir uns jedoch ungern von der Seite beäugen; sind Körperteile ausgegangen (Haare), sind wir vermutlich wenig begeistert, eine Perspektive von oben abzugeben. Fehlt noch eine Betrachtungsperspektive, unten, egal....;

Stellen Sie sich einfach vor, ein Schaf steht auf dem Mond, der Mond umkreist Sie, mich und die anderen Zweibeiner wie eine lästige Fliege und das Schaf versucht aufzuschreiben, was es sieht.

Dann erhalten Sie in etwa einen Eindruck, worum es in dem Buch geht. Und da der Mond uns zwölfmal umkreist, hat das Schaf Umkreise-Bücher in den Mondstaub gekratzt, je nach Länge der monatlichen Reise zwischen 28 bis 31 Tagesblättern.

Da das Schaf selbstverständlich zwischendurch schlafen musste, hat es auf der Reise alles Mögliche wie Sternschnuppen, Meteoriten, Weltraumschrott usw. eingefangen und diese Dinge - als Aphorismen verkleidet - zwischen die Tagesblätter geklebt, für die eigenen und fremden Schlafpausen. Selbst von einem abgehärteten Moooondschaaaaf kann niemand verlangen, uns bzw. die Welt ununterbrochen ansehen zu müssen.

Gute (Umk-)Reise in, auf, durch, über, unter, neben oder einfach nur mit dem Mond-Juli!

* * *

Auch als kleines Geburtstagsgeschenk für alle Geburtstagskinder im Juli gedacht.

Pädagogischer Abgesang oder blökende Zugabe

Der Name des Monats Juli geht auf Julius Caesar zurück (was nicht heißen soll, dass alle im Juli Geborene kleine Caesaren sind), der ein halbes Jahrhundert vor Christi Geburt den julianischen Kalender einführte, um den ungenaueren römischen Kalender abzulösen. Hierbei soll Caesar bei den alten Ägyptern abgekupfert haben, deren Kalender bereits eine präzisere Abbildung u.a. der Schalttage auswies. Im 16. Jahrhundert veranlasste Papst Gregor XIII eine weitere Kalenderreform. Der von ihm eingeführte Kalender heißt deshalb der gregorianische Kalender und ist in vielen Teilen bis heute maßgeblich. Eine schöne Symbolik der Machtverschiebung. Früher bestimmte der Kaiser, später die Kirche. Auch muss allen Historikern widersprochen werden, die behaupten, das Römische Reich sei untergegangen. Der Vatikan befindet sich in der Stadt Rom und so herrscht heute noch (zumindest ein Teil davon) Rom über mehr als eine Milliarde Menschen, das sind weit mehr „Untertanen" als zur Hochblüte dieses Weltreiches. Also nichts mit Untergang Roms. Caesar, Gregor XIII, wer weiß, wer und wann die nächste Kalenderreform durchführt, sicherlich aber kein Kaiser oder Papst, vermutlich ein IT-Spezialist.

Während Amerika im Juli seine Unabhängigkeit feiert und die Franzosen im Juli den Sturm auf die Bastille, hat dieser Monat bei uns feiertagsmäßig nichts zu bieten.

Warum auch! Er ist zum klassischen Ferienmonat mutiert und veranlasst von Jahr zu Jahr größere neuzeitliche Völkerwanderungen. Während diese früher mit kriegerischen Schlachten verbunden waren, bestehen die Auseinandersetzungen der modernen Völkerwanderungen im Kampf um das Hotel-Buffet oder die freie Liege auf dem Kreuzfahrtschiff, den Fight um einen Quadratmeter Strand für die obligatorische Sandburg oder den Ellbogeneinsatz um einen vorderen Platz am Abfertigungsschalter bzw. beim Boarding usw.

Das macht den Juli besonders. Er ist auch digital etwas Besonderes. Suchmaschint bzw. internettet man Monatsnamen, findet sich meist sofort an erster Stelle den entsprechenden Monat. Beim Monat Juli lernt man als erstes, welche Menschen Juli bzw. July heißen und welche nicht, dass Juli (im Genderzeitalter offensichtlich immer wichtiger) sowohl ein Mädchen als auch ein Jungenname ist und vieles mehr. Es erklärt sich vielleicht auch aus der Tatsache, dass besonders für die Mehrheit der jungen Menschen heutzutage sogenannte Influencer (gibt es dafür eigentlich schon eine Berufsausbildung mit Prüfung, Zeugnisse etc.?) wichtig sind.

Ein Jahrtausende altes Moooondschaaaaf denkt eher daran, dass der Juli früher auch Heumond genannt wurde, vor einer sehr frühen Kalenderreform noch an der fünften Stelle des Jahres stand und sich deshalb mit Quintilis anreden ließ. Aber lassen wir das, ab in den

Urlaub, sich wie ein Hähnchen bräunen, in sich den Ritter beim Sandburgenbauen wieder entdecken; Urlaub, während 332 Millionen Amerikaner ihre Unabhängigkeit (besser gesagt den Tausch gegen andere Abhängigkeiten) feiern und 68 Millionen Franzosen sich erinnern, dass ihre Vorväter und wohl auch Vormütter die Bastille gestürmt haben. Vivre L'Urlaub.

Ihr jubillierendes (und auch urlaubsreifes) Iluna-Pecora, Pardon Ihr Moooondschaaaaf.

1. Juli

Gestreutes

Das Moooondschaaaaf streute Venussand
Und wurde deshalb vom Mond verbannt.
Das Moooondschaaaaf streute Sternschnuppen,
Und musste deshalb in den Mond gucken.

<<<>>>

Ein Friedhof
Ist bloß
Ein Stückchen Land
Als Wand
Zwischen Weggehen
Und nächstem Leben.

<<<>>>

Vergeblicher Stampf

Das Moooondschaaaaf
Versprach
Der Ameise,
Wenn sie nicht mehr leise,
Sondern laut wie ein Nilpferd
Über die Erd´
Stampft,
Einen Tanz
Auf dem Mond.
So thront
Das Moooondschaaaaf noch immer alleine
Ohne Ameise
Auf dem Erdtrabanten.
Solch lautes Stampfen
Gelang keinem aus den Milliarden
Insektenscharen.
Vielleicht, wenn irgendwann
Alle Ameisen simultan
Oder als Turm übereinandergestellt,
Auf einem Trommelzelt
Eintreten, wird´s gelingen.
Doch binnen
Sekunden wird milliardenfacher Streit
ausbrechen,

Wessen
Recht es ist,
Den Mondtanztrip
Anzutreten.
So sehen
Weiterhin nur die betrunken
Oder in Fantasie versunken
Sind, wie sich eine Ameise
Antischwerkraftleise
Mit dem Schaf
Auf dem Mond zum Tanzen traf.

******

Sich gut beschuhen
Verdirbt das Ausruhen.

****

Präsidiales Gehemdetes

Das Moooondschaaaaf
wurde Präsident.
Es versprach,
Sein letztes Hemd
Für das Volk zu geben.
Nur dazu musste es mal eben
Tausend maßgeschneiderte Hemden kaufen.
Solcherlei noble Gesten brauchen
Ein entsprechendes Startkapital.
Doch auf einmal
Beschloss das Moooondschaaaaf beim Anblick der
Hemden,
Es beim Vorwand bewenden
Zu lassen.
Es schien ihm viel eher zu passen,
Wenn jeder Präsidentenuntertan
Zu ihm persönlich kam
Und sein letztes Hemd
Dem Präsident´
Spendet.
So endet
Das Hemdenversprechen
Mit einem ungewollt gewollten Verbrechen.

) (

) ( ) (

Wer hinter dem Mond lebt,
Versteht
Eben
Die dunkle Seite des Lebens.

) ( ) (

) (

4. Juli

Geldwürfel

Das Moooondschaaaaf
Warf
Eine Münze, denn sich zu entscheiden
Mochte es nicht leiden.
Es überließ dem Geld,
Im Hotel oder Zelt
Zu schlafen
Und welche Sachen
Es anziehen sollte,
Als es auf Rollschuhen zum Konzert rollte.
Da sich die Münze aber diesmal nicht entschied
Und auf der Kante liegen blieb,
Trug das Moooondschaaaaf oben eine
Designerkrawatte,
Dazu hatte
Es unten alte Latschen an.
So lauschte es dem festlichen Konzertprogramm
Mit einem offenen
Und einem verschlossenen
Ohr.
Das erste Mal anders als jemals zuvor.
Das Ergebnis:
Ein unvergessliches Halberlebnis.

o o o o o o o

Wer ein Hemd
Seinen Freund nennt
Trägt die Hose
Nicht oben ohne.

o o o o o o o

5. Juli
Das naßgetrocknete Selbst

Das Moooondschaaaaf war froh
Ein Auto
Zu besitzen.
Es konnte durch Regenpfützen
Fahren und Andere nass spritzen,
Während es selbst im Trockenen sitzen
Konnte.
Nur sonnte
Sich der Nassgespritzte später nach dem Regen,
Während das Moooondschaaaaf eben
Immer noch im dunklen Auto saß,
Denn es konnte doch sein, dass
Plötzlich ein neuer Regen kam
Und dann
Schien es dem Moooondschaaaaf sicherer zu sein,
Ein´n
Kasten um
Sich herum
Zu haben.
Zum eigenen Schaden
Fährt
Man immer wetterverkehrt

Durch´s Leben und baut
Um sich Mauern, um daraus nicht geraubt
Zu werden.

·_·_·_·_·_·

Die Olympiade
Ist für die Welt
Eine Fassade
Aus Geld.

·_·_·_·_·_·_·

6. Juli

Nahe Ferne oder ferne Nähe

Das Moooondschaaaaf
Traf
Zum ersten Mal den Mond,
Obwohl es dort seit Ewigkeiten wohnt.
Sie gestatten,
Stellte es sich vor, aber wir hatten
Bisher nicht das Vergnügen.
Dem Mond kam das Ganze wie Lügen
Spanisch vor.
Er verlor
Kein einziges Wort
Und beschloss, sofort
Umzukehren.
Man könne nicht jeden
Dahergelaufenen begrüßen.
Seitdem wissen
Beide, dass man
Sich irgendwann
Trotz Ewigkeiten
Nur für einen
Augenblick begegnet war.
Obwohl man Jahr für Jahr
Zusammen wohnte
Lohnte

Es offensichtlich nicht,
Sich
Näher kennenzulernen.
Deshalb entfernen
Sie sich. Obwohl beide auf
Demselben Haus
Leben haben sie sich ungelogen
Bald aus den Augen verloren.

+ + + + +

*Ein Soldat
Ist ein bewegliches Grab.*

+ + + + + +

7. Juli
Traumlos

Das
Moooondschaaaaf
Wollte sein Haus aufräumen.
Es beschloss, mit den Träumen
Anzufangen.
Doch nicht nur die bangen,
Sondern auch die schönen Träume
Mussten die Moooondschaaaafräume
Verlassen.
Nur schlafen
Konnte es jetzt nicht mehr.
Bald war es so leer,
Dass es sich
Nicht
Weiter aufbäumen konnte.
Es sonnte
Sich nur noch.

Nach einer Woch´
War es zwar braungebrannt,
Aber außer einem Anfang
Blieb alles unaufgeräumt.
Der Ordnungstraum war gleich ausgeträumt.
Das immerhin
In des Wortes wahrstem Sinn.

I
I I

*Wir vergeben
Uns selten im Leben.*

I I I
I I
I

Verbeamtete Pause

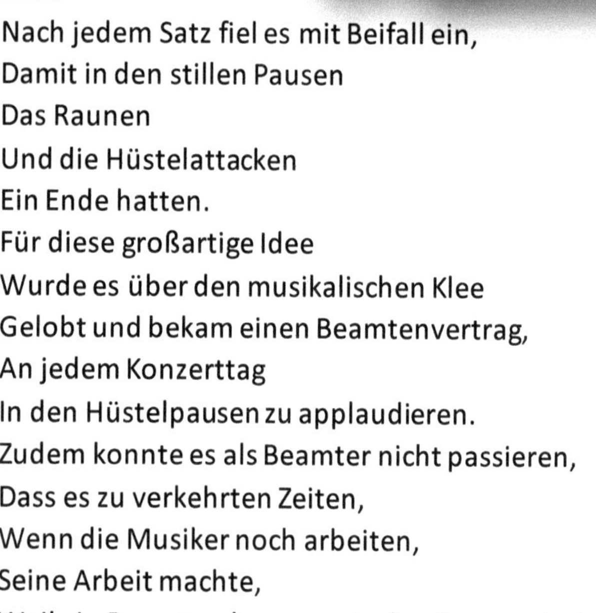

Das
Moooondschaaaaf
Wollte ein guter
Konzertbesucher
Sein.
Nach jedem Satz fiel es mit Beifall ein,
Damit in den stillen Pausen
Das Raunen
Und die Hüstelattacken
Ein Ende hatten.
Für diese großartige Idee
Wurde es über den musikalischen Klee
Gelobt und bekam einen Beamtenvertrag,
An jedem Konzerttag
In den Hüstelpausen zu applaudieren.
Zudem konnte es als Beamter nicht passieren,
Dass es zu verkehrten Zeiten,
Wenn die Musiker noch arbeiten,
Seine Arbeit machte,
Weil ein Beamter daran nur in den Pausen dachte.

,,,,,,,,,,,,,,,,,,,,,,,,

Beim Essen
Vergessen
Wir fast jedes Mal
Die Moral.

,,,,,,,,,,,,,,,,,,,,,,,,,

9. Juli
Gefängnis-Biss

Wenn Moooondschaaaafe
Eine Strafe
Bekommen,
Sonnen
Sie sich erst einmal
Ein ganzes Jahr,
Bevor sie in Gefängnisanstalten
Dunkelschau halten.

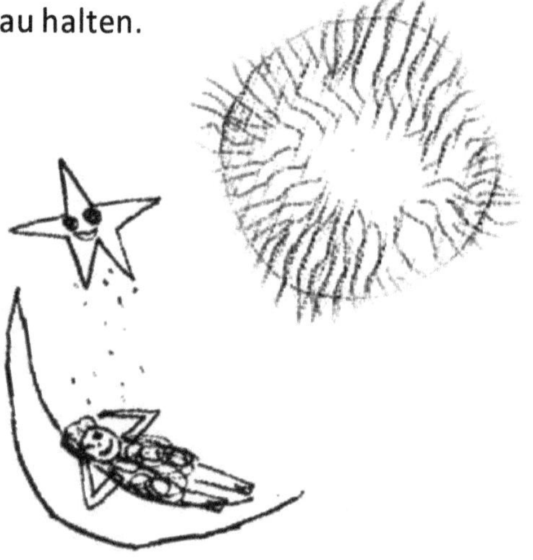

,-,-,-‘

Das Leben ist ein Spiel,
Für viele ohne Ziel.
Sie sind dann wie von Sinnen,
Wenn sie nichts gewinnen.

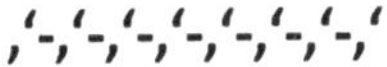

10. Juli
Vertrockneter Freitag

Das Moooondschaaaaf
Besprach
Sich mit seiner Leber.
Seitdem blieb jeder
Freitag alkoholfrei,
Bevor der Alkoholbrei
Am nächsten Tag
Mit doppeltem Betrag
Die grad erholte
Leber überrollte.

Nicht alle Weiden
Zeigen
Trauer.

11. Juli

(Ge-)Platz(er) Besuch

Wenn das Moooondschaaaaf
Ein Glas
Verkehrt herum austrinkt,
Versinkt
Die große Sonnenscheibe
Auf einer kleinen Mondscheinweide.
Nur wie hat
Sie dort genug Platz?
Der Platz
Ist der Schatz,
Auf dem der (umgedrehte) Besuch
Fußt.

( )

((( )))

Viel Volk
Wurde vom Gold
Tödlich überrollt.

((( )))

( )

12. Juli
Das unsichtbare Bad

Das Moooondschaaaaf
Nahm ein Bad.
Doch badet es im schwarzen Licht,
Deshalb sieht man es auch nicht.
Wer mag denn schon beim Badengeh´n
Geseh´n
Und beim graue Haare Färben
Beobachtet werden.

Der Himmel auf Erden
Ist meistens am Sterben.

+*+*+*+*+*+*+

13. Juli

Managerlaufbahn

Das Moooondschaaaaf
Wollte Footballstar
Werden,
Weil man auf Erden
Kaum
Frau'n
Und Geld leichter besser verdienen kann.
Doch dann
Sollte das Training beginnen
Und binnen
Eines Augenblicks
Behielt das Moooondschaaaaf kein Stück
Mehr von diesem Entschluss.
Es muss
Doch in diesem Leben
Genuss ohne Anstrengung geben.
So wollte es nur noch ein
Manager von Footballstars sein.

O+O+O

Wer den Krieg
Liebt,
Dem blüht
Im Himmel kein Sieg.

O+O+O+O+O

Hochzeitssackgasse

Das Moooondschaaaaf
Entstarb
Seiner Einsamkeit,
Um Hochzeit
Zu halten.
Alle Warnungen verhallten.
Es sagte sich,
Wenn's wieder zerbricht,
Macht es nichts.
Ich habe wenigstens meine Sicht
Erweitert.
Angeheitert
Lief es zum Traualtar.
Nur war
Die Braut nicht erschienen.
Sie wollte nicht als Erfahrung dienen.

*
*   *
*

*Das Glück blickt
Uns kurz an,
Um dann
Für lange Zeiten
Wegzubleiben.*

*
*   *
*
*

Verknotete heilige Sackgassen

Das Moooondschaaaaf wollte nicht ohne
Konfessione
Durch's Leben
Gehen.
Es ließ sich zeigen,
Wie man sich vor Buddha verneigen
Musste.
Es putzte
Sich sonntäglich heraus,
Um ein altes christliches Haus
Zu besuchen.
Es ließ eine Reise nach Mekka buchen,
Doch kam
Es leider zum Beginn des Fastenmonats an.
Da der jüdische Glauben
Gleich um die Ecke anzuschauen
War
Unternahm es noch einmal
Einen letzten Versuch.
Das alles trug
Zwar zur Erfahrung bei,
Doch schien es zu schwierig oder gar einerlei,
Zu welcher Stund'
Und in welche Richtung

Es sich hinkniete.
So flehte
Es wieder nach ureigenem Gefühl
Still
Und verlassen im Kämmerlein.
Vielleicht wird es eher im Himmel sein
Als manch gläubige Seele,
Die jede
Religiöse Vorschrift
Verricht'.

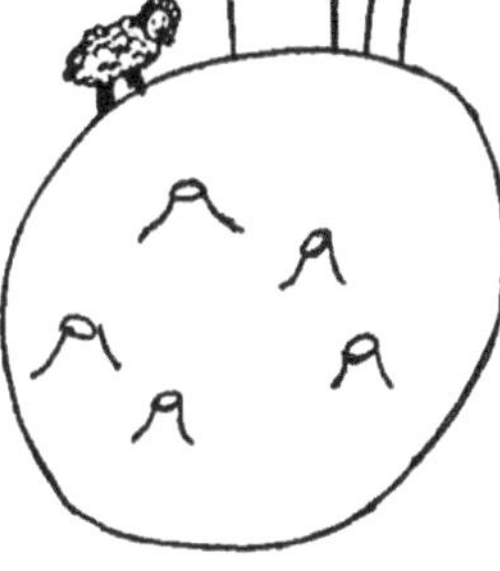

○○

Feiertag
Ist wie ein frisches Bad
In den unendlichen Weiten
Der Arbeitszeiten.

○○

Feige(n)sicht

Schein
Oder Nichtschein,
Dachte das Moooondschaaaaf
Und warf
Den Mond an.
Der lief langsam warm
Und als sich seine Krater richtig mühten,
Glühten
Die Sterne
In der Mondwärme
Auf.
Aus oder nicht aus,
Dachte das Moooondschaaaaf,
Als der Morgen anbrach.
Doch wie schaltet man einen Mond ab?
Es nahm ein großes Feigenblatt
Und hielt es der Welt vor die Augen.
Schauen
Seitdem
Alle in den Mond oder dreh'n
Sich alle nur noch um ein Feigenblatt?
Anstatt
Zu begreifen,
Dass sich das Leben bei den reifen

Feigen
Gut gekühlt
Einen Meter höher abspielt.

_=_=_=_

Spechte
Pochen nicht auf ihre Rechte.

17. Juli
Kulinarische Luft

Moooondschaaaaafe brauchen
Nicht einzukaufen.
Sie leben
Eben
Von der Liebe süßem Duft
Und der smogverdreckten Luft.

<>.<>.<>.<>.<>

Was lange währt, wird endlich gut,
Doch das gilt nicht für den Mut.

<>.<>.<>.<>.<>

Gestrichenes Straßengeld

Das Moooondschaaaaf
Warf
Ein Geldstück
Auf den Weg.
In letzter Zeit hatte es vermehrt
Gehört,
Dass zum Glück
Das Geld auf der Straße liegt.
Darum sind die Moooondschaaaaftaschen
Wie Flaschen
Nach dem Trinken leer.
Denn wer
Die Politiker
Kennt, weiß
Dass sie zumeist
Uns das Geld aus den Taschen ziehen,
Um es auf Straßen zu versprühen,
Auf denen ihre Nobelschlitten
Gelegentlich zur Parade bitten.

○ ○ ○ ○ ○ ○ ○
 · · · · · ·

Ein Mensch fand
Ein freies Land.
Als er es betrat:
Weg war's.

○ ○ ○ ○ ○ ○ ○
 · · · · · ·

Der neue Tod

Das Moooondschaaaaf
Ging auf den Markt.
Um gesund zu leben,
Gab es seinem Umfeld zu verstehen.
Das Alte bereuend,
Nahm es nur vom Neuen,
Tat es jedem
Dank besseren Wissens erklären.
Sein Lebenshauch
Ging am nächsten Tag aus.
Es war vom Alten abhängig gewesen,
Das Neue will das meistens nicht verstehen.

Alles lässt sich rauben,
Selbst der Glauben.

Ge(s)eichte Klangflut

Das
Moooondschaaaaf
Verspürte den Drang,
Sein Gefühlsleben als Gesang
Darzubringen.
Seitdem singen
Heute
Eine Menge Moooondschaaaafleute
Von Herzen
Und Weihnachtskerzen,
Von Liebe
Und Schicksalshiebe,
Von Glück
Und Genick-
Schlägen.
Dadurch wandelte sich das Leben
In ein Ton-Chaos,
In dem bloß
An
Keiner Stelle eine Pause vorkam.

In der T(reue)
Steckt (verbal) die Reue.

21. Juli

Schmolltränen

Wenn Moooondschaaaafe schmollen,
Rollen
Tränen über die Mondwange.
Doch lange
Hält es nicht an.
Dann
Erinnert sich
Der Mond, dass das Gleiche nicht
Lange zurückliegt.
Er schminkt
Die Tränen ab
Und denkt, ich wart'
Noch eine Sekunde.
Dann hat sich die Schmollwunde
Von selbst geschlossen,
Auch ohne dass neue Tränen geflossen
Sind
Und das Spiel von Neuem beginnt.

==*=*=*

Der Kuss
Braucht nicht den Schluss.

==*=*=*=*=*

22. Juli

Schlafendes Essen

Das Moooondschaaaaf

Aß
Im Schlaf,
Um am Tag
Zeit zu sparen.
Seitdem waren
Die Tage kurz, es schlief
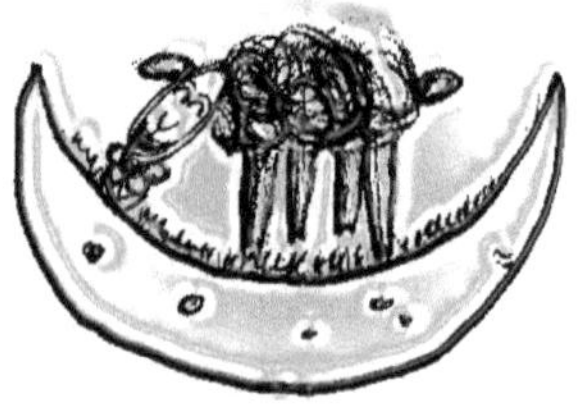
Ziemlich tief
Tagsüber,
Um wieder
In der Nacht
Wach
Für ein
Mondscheinessen zu sein.

<<<<<<<<>>>>>>>>

*Die Freundschaft
Braucht die Kraft.*

<<<<<<<<>>>>>>>>

23. Juli

Behördenübersicht

Das Moooondschaaaaf
Strich einen Tag
Von seinem Leben.
Gegen
Jede Vorschrift
Hatte es dies nicht
Vorher beantragt.
Daraufhin hat,
Nach anonymer Beschwerde,
Die Zeitbehörde
Das Moooondschaaaaf
Tausend und einen Tag
Ins Gefängnis gesperrt.
Irgendeine Behörde merkt
Jedes Vergehen,
Selbst das stille unerlaubte Tagesableben.

I
I I
I I I

*Leben
Braucht Vergeben.*

I I I
I I
I

24. Juli
Zahnschutz

Wenn alle Moooondschaaaaafe
Scharfe
Zähne hätten,
Wetten,
Es würde sich niemand trauen,
Ihnen aufs Maul zu hauen.

IOIOIOIOIOI

*Der letzte Abschied
Ist der Sieg
Über alle Not
Und den Tod.*

IOIOIOIOIOI

Single-Sackgasse

Das Moooondschaaaaf wollte sein
Single-Dasein
Beenden.
Auf vier Händen
Würde es jeden tragen,
Der es mit ihm wagen
Wollte.
Eine Lawine von Post überrollte
Das Moooondschaaaaf.
Jede Antwort versprach
Ihm das Glück auf Erden.
Doch da es auf dem Mond glücklich werden
Wollte,
Sollte
Sich
Nichts
Passendes finden lassen.
Es wandelt weiter einsam über die Mondstraßen,
Träumt unter der Mondscheinlaterne,
Wie gerne
Es seine Moooondschaaaaafwärme
Mit einer Moooondschaaaafschwärme
Nicht nur im Strohbette
Geteilte hätte.

*
**
***

Die Politik
Gibt
Uns auf,
Von dem zu sparen,
Was wir nicht haben.

*
**
***

26. Juli

Urlaubsüberraschungen

Das Moooondschaaaaf wollte in Urlaub fahren.
Es musste dafür drei Jahre sparen
Und konnte schließlich die Reise antreten.
Die Bahn tat sich eine Stunde verspäten,
So dass es mit Mühe und Not
Gerade noch das Fährboot
Erreichte.
Doch gleichte
Jedes Deck einem Supermarkt,
In denen Meeresschlangen vor Kassen geparkt
Waren.
Die anderen Urlauberscharen
Hatten alle Liegestühle besetzt,
Dass nicht einmal ein Rest
Sonne auf Deck zu erhalten war.
In der Schiffsbar
Qualmte es dicke Luft,
So dass sich der frische Meeresduft
Lieber von selbst verkroch.
In den Gängen roch
Es nach frischem Schweiß und altem Essen,
Doch als man in den Hafen einlief, war alles
vergessen.
Jedenfalls für wenige Stunden.

Es brauchte drei Inselrunden,
Um das Hotel zu finden.
Das Taxi musste sich durch den Stau winden,
Damit das Moooondschaaaaf noch ankam,
Bevor es wieder abfahr'n
Musste.
Es putzte
Sich im Hotelzimmer die Zähne,
Träumte von Moooondschaaaafleere,
Während sich betrunkene Massen
Vor dem Fenster durch die engen Gassen
Wälzten
Und versuchten, wer am schnellsten
Die nächste noch offene Bar fand
In dem idyllischen inseligen Urlaubsland.

o_o_o_o_o_o

Nicht auf jeder Computertastatur
Findet sich eine Spur
Menschlichen Geistes.

o_o_o_o_o_o

Geerdetes Mondland

Das Moooondschaaaaf fand
Auf dem Mondland
Weltraumschrott.
Es sperrte sofort
Die Mondumlaufbahn.
Seitdem kann
Keine Rakete mehr landen.
Oder fanden
Die bisherigen Ereignisse
Nur auf einer irdenen Wüste
Statt?

)
( )   ) (

)) (   )   )

(   )   (   ) ( )

Ein Konzert
Lehrt,
Wie klein wir durchs Leben
Gehen.

() () () () () () ()

28. Juli

Gestauter Schlitten

Moooondschaaaafe
Fahren
Mit anderen Schlitten.
Inmitten
Vom Stau
Wird das Moooondschaaaaf zur gestauten
S(ch)au.

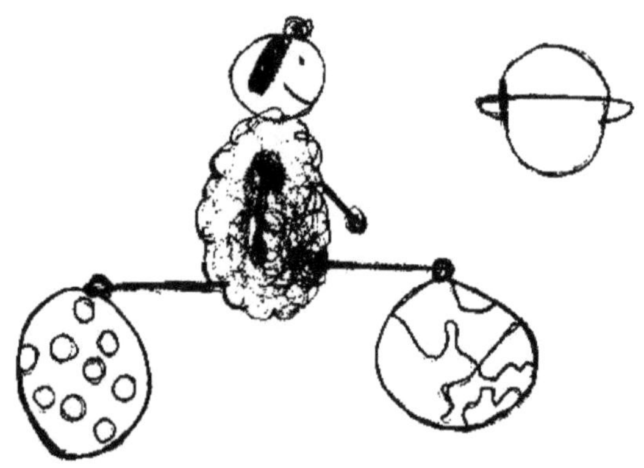

<=+=+=+=+>

*Drogen
Verkehren unten und oben.*

<=+=+=+=+=+>

Süße Kunst

Das Moooondschaaaaf hatte keine Marmelade.
Es nahm rote Farbe,
Einen Klacks
Weichen Wachs
Und strich alles auf ein Butterbrot.
In der Not
Ist die Kunst des Lebens,
Sich selbst hereinzulegen.

(0)(0)(0)(0)(0)

*Manchmal ist das Linke
Das Rechte.*

(0)(0)(0)(0)(0)

30. Juli
Vogelfrei

Das
Moooondschaaaaf
Beschloss, ein Vogel zu werden.
Es ließ sich die Haare einfärben
Und das Fell zu Federn stylen.
Es ließ sich den höchsten Berg zeigen
Und stürzte in rasender Fahrt
In den Abgrund hinab.
Ach gäbe
Es doch die schwere
Kraft nicht,
Die das Licht
Der Sonne auf der Erde bindet.
Dann verschwindet
Auch der Rest an Verstand
Nicht in einer hohlen Hand.
Alles Leben
Nur ein Traum,
Eben
Noch zu schau'n
Ist es schon
Verblichen
Ein vergeblicher Lohn
Ins Nichts gewichen.

Das alles schafft
Die fehlende Schwer(e)Kraft.

○ ○ ○ ○ ○ ○ ○ ○ ○ ○

Manch Goldgräber hat
Statt
Der Stecknadel
Einen runden
Heuhaufen gefunden.

○ ○ ○ ○ ○ ○ ○ ○ ○ ○

31. Juli
Pfandpleite

Wenn ein Moooondschaaaaf
Einen Tag
Verkaufen will,
Geht es still
In die Pfandleihe.
Doch in einer solchen Bleibe
Bekommt man für ein Stückchen Zeit
Nicht mal ein fifth-hand Kleid.

*

* * *

* * * * *

Das letzte Auf Wiedersehn
Ist das Versteh'n
Von Tod und
Auferstehung.

*

* * *

* * * * *

Inhaltsverzeichnis

Biografie

Ich wurde auf der Erde und nicht auf dem Mond geboren. Damit hatte ich keine Chance bzw. lief nicht Gefahr, als Moooondschaaaaf auf die Welt (bzw. auf den Mond) zu kommen. Bis vor kurzem hatte ich nicht realisiert, dass es einen Mondkalender gibt. Der Versuchung, meinen Geborenentag im Mondkalender aufzusuchen, konnte ich nicht widerstehen.

Es war am fünften Tag nach Vollmond. Mein Leben lang war der Mond mein treuer Begleiter, selbst wenn ich ihm nur in wenigen kurzen Momenten, wie Mond- und Sonnenfinsternis oder während der ersten Mondlandung, mehr Beachtung geschenkt habe.

Ich habe vier Kinder (als Moooondschaaaaf hätte ich vier Mondlämmer). Da ich am 5. Tag nach Vollmond geboren wurde, hat der Mond offensichtlich pietätsvoll keinen Einfluss auf die Anzahl der Kinder genommen. Der Mondkalender hat mir nebenbei verraten, dass ich an einem Montag (genau genommen Mondtag) geboren wurde. Wahrscheinlich zählt deshalb, wie bei vielen anderen, der Mond(t)ag nicht gerade zu meinen Lieblingswochentagen. Mehr als 2080 mal habe ich mich nach der Oase des Wochenendes in den gelittenen Berufsalltag gestürzt. In welchen?, werden Sie sich vielleicht fragen. In den Beruf des Mondarztes. Möchten Sie Gründe für die Berufs-wahl wissen, dann konsultieren Sie am besten den Mond. Aber vielleicht weiß (auch) er es nicht. Ich wurde fünf Tage nach Vollmond, also in der Phase abnehmenden Mondes, geboren. Möglicherweise besteht dadurch ein

Zusammenhang zwischen Mond und Berufswahl, denn die Anzahl der Ärzte befindet sich in der abnehmenden Phase. Wozu auch ich seit knapp sechs Monaten beitrage, wie andere befinde ich mich in der Mondrentenphase. Leider hat der Mond nicht auf alles einen Einfluss. In Zeiten einer Diät konnte ich nicht feststellen, dass sich meine Geburt in einer abnehmenden Mondphase unterstützend bei der Gewichtsabnahme ausgewirkt hat.

Mehr als 2250 Mondwochen bin ich verheiratet. Meine Moooondschaaaafin hat am Zustandekommen dieses Buches wesentlichen Anteil. Aus unseren vier Mondlämmern sind sechzehn Mond-Enkellämmchen geworden. Die ältesten mutieren (pubertieren) gerade in Mondschaflämmer.

Wo wir wohnen? Hinter dem Mond. Jedenfalls ist mir dies mehrfach im Leben von anderen bestätigt worden. Fragen Sie bitte nicht, wie ich dahin gekommen bin. Jedenfalls nicht mit einer Rakete wie ein Superastronaut. Ich denke, der Mond hat sich einfach vorgedrängelt, sich vor mich gestellt, so dass ich automatisch hinter den Mond gerutscht bin bzw. dort lebe. Wenn ich mich umschaue, bin ich bei Weitem nicht der Einzige. Übrigens, trotz des Gedränges sind die Immobilienpreise hier hinter dem Mond noch erstaunlich niedrig.

Ob der Mond einen Einfluss hat, außer auf besagter Weise, wenn man hinter dem Mond lebt? Das kann ich nicht sagen. Es könnte sein. Denn wenn Etwas hinter Etwas ist, dann kann dieses erste Etwas schließlich vorkommen. Vorkommen im Sinn von Vorhandensein aber eher nicht, denn Etwas, das hinter ist, kann gleichzeitig nicht vor sein. Aber lassen wir das, der Mond kann einen ganz schön durcheinanderbringen. Und wer schreibt schon gern in eine Biografie, dass er durcheinander ist?

<>+<>+<>+<>+<>

Neben einer Reihe von Romanen hat der Autor noch weitere Gedichtbände veröffentlicht:

Tortellintauben - TierGdichte für Rwachsene
61 Tiergedichte als Spiegelbild menschlichen Verhaltens, wunderschön von Kinderhand illustriert.

Der erdenkliche Mensch - Das Du im Ich

55 Gedichte, dazwischen Aphorismen, die sich nachdenklich und kritisch mit liebgewonnenen menschlichen Verhalten auseinandersetzen.

Das Moooondschaaaaf
(monatlich durch das Jahr)

Für jeden Tag eines Monats ein Gedicht aus Sicht eines auf dem Mond lebenden Schafs, das humorvoll, kritisch, skeptisch und wiedererkennend unsere Erde beäugt; zwischen jedem Gedicht ein Aphorismus; mit passenden lustigen Bildern aus Kinderhand; bisher erschienen Oktober bis März, die Monate April bis September folgen im Laufe des Jahres 2024; auch als Geburtstagsgeschenk für den passenden Geburtstagsmonat geeignet.

101 Weihnachtsgedichtsbäume –
gegen das Poesie-Waldsterben

Über 100 besinnliche, lustige, stimmungsvolle aber auch nachdenkliche Gedichte über die Weihnachtszeit.

In 93 Tagen um den Frühling

93 Gedichte, dazwischen Aphorismen, zu jedem Tag der schönsten Jahreszeit ein Gedicht.

In 90 Tagen um den Herbst

90 herbstliche Gedichte mit unterschiedlicher Stimmung, ein Gedicht für jeden Herbsttag.

Ostern- Gedichte zur Osterzeit

43 Gedichte mit christlichen Inhalten von Gründonnerstag bis zur Auferstehung Jesu, zwischen den Gedichten gedankenvolle Aphorismen.

Goethe – neu abgefüllt

Nach der Versform zweier der bekanntesten Goethegedichte (Wandrers Nachtlied) zu unterschiedlichsten Themen für jede Woche des Jahres ein Gedicht.
2 Bände: Goethig I und Goethig II

Hinter dunklen Himmelswolken – Gedichte in Zeiten der Trauer

Dieses Buch enthält ca. siebzig Gedichte über Tod und Sterben, in der Natur und im Leben des Menschen. Sie stellen Fragen zum Warum, äußern Gedanken, wie es weitergehen versuchen, Stimmungen und Gedanken in solchen Lebensabschnitten wiederzugeben.